Werner Färber

Geschichten
aus der Schule

Illustrationen von Claudia Fries

Bibliografische Information Der Deutschen Bibliothek
Die Deutsche Bibliothek verzeichnet diese Publikation
in der Deutschen Nationalbibliografie;
detaillierte bibliografische Daten sind im Internet
über *http://dnb.ddb.de* abrufbar.

*Der Umwelt zuliebe ist dieses Buch
auf chlorfrei gebleichtem Papier gedruckt.*

ISBN 3-7855-4749-8 – 1. Auflage 2003
© 2003 Loewe Verlag GmbH, Bindlach
Umschlagillustration: Claudia Fries
Reihengestaltung: Angelika Stubner

www.loewe-verlag.de

Inhalt

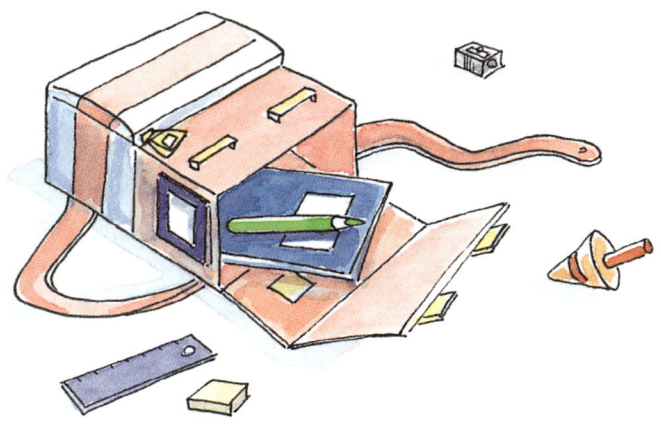

Der erste Schultag

Gespannt sitzen die  auf

ihren ____ . Jedes ____ hat

eine bunte ____ und eine

neue ____ . Da ist alles drin,

was man in der ____ braucht.

Die ____ schauen zur ____ .

Wer wird sie unterrichten?

8

Plötzlich geht die  auf. Das

muss die  sein. „Hallo, !",

sagt die . Sie ist nicht sehr groß.

Sie hat einen bunten  auf

und eine  in der .

Sie trägt eine  und sieht

fröhlich aus. „Ich bin eure .

Wollt ihr raten, wie ich heiße?",

fragt sie. „Ja!", rufen die .

Die lustige  nimmt eine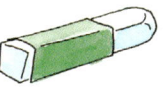

und malt einen großen  an

die  . „Heißt du vielleicht  ?",

fragt Ines. „Nein", sagt die

lustige  und malt weiter.

Zwei kleine ◯ ◯

für die 👁 👁,

ein schmales △ für die 👃

und einen großen, lustigen 👄.

„Heißt du 🧍 ?", fragt Anusch.

Die lustige  schüttelt lachend

den . „Frau Lustig", schlägt

Max vor. „Fast, gleich habt ihr es!",

ruft die lustige . „Heißt du

vielleicht Frau Fröhlich?", fragt Kathi.

„Gut geraten", sagt Frau Fröhlich.

Dann nimmt sie ihre  und

spielt den  etwas vor.

Die sind froh, dass sie von der

lustigen  unterrichtet werden.

Wie im Zoo

„Wer kann morgen einen

mitbringen?", fragt die lustige .

„Ich!", rufen drei auf einmal.

„Na gut, dann haben wir eben

drei ", sagt Frau Fröhlich.

„Ich habe weiße . Darf ich

die auch mitbringen?", fragt Anna.

„Meinetwegen", antwortet die  .

„Und ich mein  !", ruft

Simone. „Dann will ich aber auch

was mitbringen", ruft Kordian.

„Was denn?", fragt die lustige  .

„Meine ", antwortet Kordian.

„Bringt mit, was ihr wollt. Wenn es

nur vier 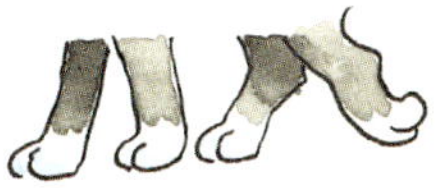  hat ", sagt die  .

„Gelten auch?", fragt Melanie.

Auch damit ist Frau Fröhlich

einverstanden. Oliver kratzt sich

nachdenklich am . „Was ist,

Oliver?", fragt die lustige .

„Ich weiß nicht, ob ich Benny

mitbringen kann. Er ist ziemlich

groß", sagt Oliver. „Er wird ja wohl

durch die  passen", sagt die

lustige . Oliver nickt.

Tags darauf schlägt die lustige

lachend die  zusammen.

Die  haben drei

und vier weiße  mitgebracht.

Kordian hat seine  dabei.

Melanie hat ihren  in einer

großen  mitgebracht.

Und eine  spaziert langsam

über die lange 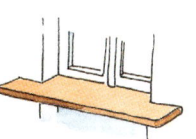 .

„Wo ist eigentlich Oliver?", fragt

Frau Fröhlich. Die  wissen

es nicht. Da klopft es an die  .

„Wir sind leider ein wenig zu

spät", sagt Oliver. „Aber Benny

hat auf dem getrödelt."

„Jetzt bin ich aber gespannt

auf deinen Benny", sagt die

lustige  . „Er hat vier

und passt durch die  ",

sagt Oliver.

„Mit einem  habe ich nun

wirklich nicht gerechnet!", sagt

die lustige  und lacht.

Willi muss ins Krankenhaus

Max wirft den nassen

nach Willi. Er trifft aber Kathi.

Die ![Glocke] hat längst geläutet.

Die ![Kinder] toben ausgelassen.

Wo bleibt nur Frau Fröhlich?

Sie ist sonst immer pünktlich.

Goran stürzt zur ![Tür] herein.

„Sie kommt!", ruft er. Willi rennt

schnell zu seinem  .

Er stolpert über seine  .

Alle  und  fallen heraus.

Auch das 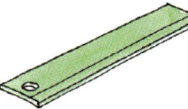 und das  .

Willi stürzt gegen einen  .

„Aua, mein 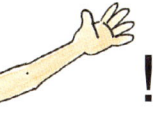 !", schreit er.

Die lustige  kommt herein.

Sie geht sofort zu Willi und schaut

sich seinen 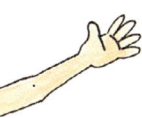 genau an.

„Ich glaube, der ist gebrochen",

sagt sie. Willi fängt an zu weinen.

„Jana, lauf schnell zum  .

Wähl 112 und ruf einen  ",

sagt Frau Fröhlich. Sie streicht

Willi tröstend über den  .

Wenig später wird Willi auf

einer  hinausgebracht.

„Wir kommen dich besuchen!",

ruft ihm Max hinterher.

Die  sollen morgen

alle eine  mitbringen.

Zusammen besuchen sie Willi mit

einem bunten 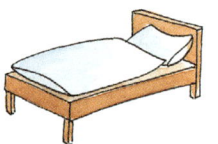 im  .

Willi liegt im  .

Sein  tut überhaupt nicht mehr

weh. Er hat einen 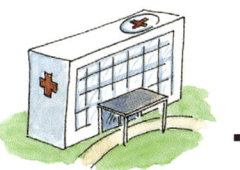 bekommen.

Damit Willi nichts verpasst,

unterrichtet Frau Fröhlich

im  .

Das finden alle lustig. Nur die

und der  meinen, dass es ein

bisschen eng ist. Aber ab morgen

darf Willi sowieso schon wieder

zur  gehen.

Frau Fröhlich räumt auf

Frau Fröhlich öffnet ihren  .

Eine hässliche  und eine

alte  fallen ihr entgegen.

Sie zerspringen in tausend  .

„Der  ist viel zu voll.

Ich muss endlich mal was

wegwerfen", sagt die lustige  .

Sie saugt mit dem  die

auf. Dann holt sie eine  und

fängt an, den  auszuräumen.

Zunächst nimmt Frau Fröhlich

ein kleines  in die  .

Das  hat sie mal von

Sabine bekommen. Sabine hat es

aus alten  gebastelt. Nein,

das kann sie nicht wegwerfen.

Und da ist ja Willis

aus  und 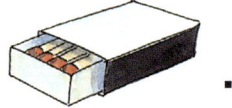 .

Oder soll es eine  sein?

Marens  liegt auch noch

im  .

Die lustige  hat immer noch

keinen schönen  gefunden,

um es aufzuhängen.

Und das  von Anna

ist auch noch da.

Wie hübsch die  aus

weißen  sind. Ein bisschen

verstaubt, aber viel zu schade,

um das  wegzuwerfen.

Die lustige   räumt den

ganzen  leer und macht

ihn gründlich sauber. Dann

räumt sie alles wieder ein.

Nachdem die  und die

weg sind, ist der  eigentlich

gar nicht mehr so voll.

Die Wörter zu den Bildern:

 Kinder

 Gitarre

 Stühle

 Hand

 Schultüte

 Brille

 Schultasche

 Kreide

 Schule

 Kreis

 Tür

 Tafel

 Lehrerin

 Fußball

 Rucksack

  Augen

Dreieck

 Beine

 Nase

 Flossen

 Mund

 Fisch

 Strich-
männchen

 Vase

 Kopf

 Schildkröte

 Hamster

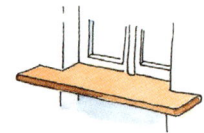 Fensterbank

 Mäuse

 Weg

 Kaninchen

 Esel

 Katze

 Schwamm

 Klingel

 Trage

 Tisch

 Blume

 Hefte

 Blumen-
strauß

 Bücher

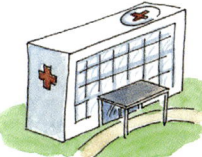 Kranken-
haus

 Lineal

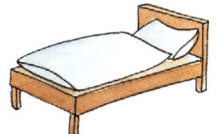 Bett

 Mäppchen

 Gips

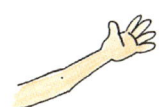 Arm

 Kranken-
schwester

 Telefon

Arzt

 Schrank

 Kranken-
wagen

 Tasse

 Kuh

 Scherben

 Bild

 Staub-
sauger

 Rahmen

 Kiste

 Mobile

 Schiff

 Schwäne

 Korken

 Federn

 Ziege

 Kastanien

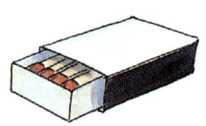 Streich-
hölzer

Werner Färber wurde 1957 in Wasser-
trüdingen geboren. Er studierte Anglistik
und Sport in Freiburg und Hamburg und
unterrichtete anschließend an einer Schule
in Schottland. Seit 1985 arbeitet er als freier
Übersetzer und schreibt Kinderbücher.
Mehr über den Autor unter *www.wernerfaerber.de*.

Claudia Fries wurde 1967 in Hamburg geboren. Schon mit
vier Jahren wollte sie ihr Kinderlexikon am liebsten selbst
illustrieren – oder aber Tierärztin werden. Nach einem
Grafik-Design-Studium in Hamburg und Trier arbeitet sie
heute als selbstständige Illustratorin und lebt im Hunsrück.
Ihre Begeisterung für Vierbeiner ist ge-
blieben: Wenn sie nicht gerade selbst
Tiere zu Papier bringt, lässt sie sich
von ihnen in freier Natur verzaubern.